오늘 밤엔 집 앞 마트에서
달콤하고 촉촉한 그리움과
원두커피 같은 설레임을 사들고
당신께 주파수를 맞추어 놓고
봄소풍 가듯 그렇게 가보렵니다

울어주다

김태환 시집

울어주다

인쇄일 2025년 4월 1일
발행일 2025년 4월 7일

지은이 김태환
디자인 조규식

펴낸곳 도서출판 느티나무
경상북도 영주시 지천로 183 (2층)
TEL. 054) 633-5885 | FAX. 054) 633-5886

값 13,000원

03810

9 788998 991876

ISBN 978-89-98991-87-6

울어주다

김태환 시집

내가 좋아하는 것

아무것도 바꾸지 않았습니다
당신의 기억 그대로 나 여기 있으니
언제든 아무 때나 그냥 보러 오세요

쑥부쟁이

소백산 아래 단산가는 길
사천들* 논두렁에 핀
쑥부쟁이 몇 송이 눈에 밟혀
그 향기 가득 담아 왔더니
쑥부쟁이 자꾸 자꾸
내 눈 속에 내 마음속에
눌러 앉아 살고 싶단다
가끔 내 마음에
가을비 무심히 내리고
바람 한 줄기 지날 때면
당신 향기 아득하다

※ 단산, 사천들 : 영주시 단산면 사천리 새내마을 앞에 있는 들이다.

견우에게

봄이 오작교를 건넜다
꽃들도 지고 당신도 떠났다
사막의 수스피로suspiro*가 피듯
다시 봄이 오고 꽃은 피겠지만
나의 봄노래는 견우처럼
그냥 외롭고 힘들다

※ 수스피로(suspiro) : 남아메리카의 안데스산맥 서쪽에 있는 세계에서 가장 건조한 사막인 아타카마사막에서 5~7년 마다 피는 꽃.

얼굴

비가 내리는
호수에 갔다
빗방울 몇 개 떨어져
동그란 파문을 내는
빗소리 들으며
당신 얼굴 떠올라
그냥 동그라미 하나
그려 두고 돌아 왔다

한 달 살기

거리의 은행나무들이
손시럽고 발시럽 다고
소리 지르는 아침에
짐도 챙기지 않고 그냥
맨몸으로 길을 나섰다

따뜻한 당신 가슴에서
딱 한 달 만 살다 오고 싶다

내 마음에 봄 소식 들릴 때까지

가을 아침

오늘은 아침부터 느닷없이
보헤미안의 집시 같은 가을이
나를 찾아와 문을 두드린다
문 앞에 서서 새 옷 갈아입고
손잡고 단풍 구경 가자고 한다
원두 커피 같은 가을이
동해 굵은 파도처럼 밀려와
은사시 가지 흔들며 나에게
비둘기 완행 열차를 타고
가을 바다를 가자고 한다

삶

그래
삶이라는 것은
그냥
당신 생각하며
비바람 눈보라
묵묵히 견뎌내는 거다

저녁에

어스름 저녁 하늘아래
당신 생각 켜 놓고 잠들었다가
문득 밝게 빛나는 별 하나
당신 사는 곳에 걸려 있어
텅 빈 내 마음 거기에
그냥 걸어 두고 왔다
당신 지금 그곳에 계신가요
잘 자요 당신

어제는 밤새 눈이 내렸습니다.

우산도 없이 그 밤길을 혼자 걸어

당신 얼굴 실컷 보고 왔습니다

폭설 같은 밤이었습니다

봄 향기

눈 오네요
당신 얼굴이
차곡차곡 빈 들에
쌓이는 아침입니다
내 안에 가득
움트는 봄 향기
분명 당신입니다

여행

참 많이도 걸었다
이정표 없는 그 길을

진달래 구절초 무성하고
비바람 눈서리 자욱한 길을
발자국 찍으며 걸었다

쉬지 않고 걸었다

언제쯤 여행 끝내고
집에 돌아갈 수 있을까

집에 가는 날
무명옷 곱게 차려입고
빈 주머니 깊숙이 꼭
당신 이름 하나 적어
그렇게 돌아가고 싶다

새들과 구름의 길처럼
한 줌 바람에 흔적 없이 사라질
우리네 인생길은 늘 그리움이다

코스모스

봉성* 지나 청량산 가는 길에 코스모스 몇 송이 피었다. 늦가을 햇살에 몸을 맞긴 채 간간히 바람에 머리를 빗고 몸 단장하는 코스모스. 저 꽃들도 가슴에 풍경 하나 달고 바람에 흔들리며 그냥 한 세상 무심히 밝히다 갈 한줄기 노랫가락 이었으면 좋겠다. 그 노래가 누군가의 삶을 어루만져 주었으면 좋겠다

※ 봉성 : 경북 봉화군 봉성면을 말한다.

가슴 설레던 가을이 갔다
늘 오고 가던 계절의 기찻길엔
어디 쉬어갈 만한 간이역 하나 없다

겨울장미

한 이틀 눈 내린 후
겨울도 깊어 가던 날
구선재* 가는 길에
붉은 장미 몇 송이 피었다
앙상한 가지에 달려 있는
꽃은 계절을 잊었거나
눈물겨운 기다림일 거다
왜 그렇게 서러운지
힘겨운 당신 같다
오늘도 당신으로 하여
그리움이 굵어지는 밤이다

※ 구선재 : 경북 봉화읍 문단리에 있는 시인의 서재.

소풍

당신 오늘 밤
별들이 놀다가 잠들면
살짝 내 꿈속으로 와요
오실 땐 사과와 달걀 몇 개 김밥 몇 줄 들고
소풍 가듯 그렇게 오세요
바빠서 오시기 힘들면
제가 그렇게 찾아갈게요

아득하다

봄을 보내고
여름이 되어서야
봄을 그리워 했다

꽃들이 지고
잎이 무성해지고 나서야
꽃들을 생각했다

봄 지난
산에 앉아서야
당신 떠난 줄 알았다

흰머리가
늘어나고서야
당신이 그리웠다

아득하다
봄이 정말 아득하다

그리운 것들은 늘 신기루처럼 다가와
나를 불러 세우고 바람이 되어
가슴속 풍경을 밤새 흔든다

햇살을 쓸다

밤새 풀풀 날리던
눈발이 그치더니
아침부터 햇살이
마당에 소복이 쌓였다

빗자루를 들고 나가
햇살들을 쓸어본다

쓸고 쓸어도 흔적 없는
햇살들이 구름 속에
숨었다 다시 내린다

참 따뜻하고 포근하다
이런 아침엔 커피 한 잔 들고
꼭 한 번 당신 속에 갇히고 싶다

그리움을 널다

어제는 가을비가 종일
낙엽처럼 구르더니
새벽이 되어서야 그쳤다

아침 일기예보에
하늘이 높고 맑음이란다

구름 몇 점 흐르고 바람이 좋아
낡은 빨랫줄에 그리움을 널어본다

서산으로 하루가 넘어 갈때쯤
뽀송뽀송 마른 그리움을 걷어
자리를 펴고 잠을 청한다

예정에 없던 당신이
불현듯 나에게 찾아왔다

당신 같은 날

봄비가 내렸다
점심지나 비 그치니
하늘이 높고 푸르고
바람도 뽀송뽀송하고
풀꽃들도 산뜻하다

꼭 당신 같은 날이다

이런 날은 그냥
당신에게 가고 싶다

저 철없는 눈 좀 보소
춘삼월 눈이라는데
서럽게도 내린다
아침부터 더 외롭고 쓸쓸하다
커피 한잔 진하게 내려야겠다

당신과의 만남은 늘
첫눈 내리는 날의 설렘이고
그리움을 꿰어 염주를 만드는 일이다
내 텅 빈 마음 채워가는 일이다

소나기

맑은 얼굴에 눈물이
글썽글썽 또 글썽

당신 오늘
무슨 일 있나요

주룩주룩 그렇게
눈물 흘리는 당신
그래 오늘은 실컷 울어라
그 눈물 다할 때까지

첫 눈

첫서리 지나면
당신이 기다려진다

지난봄 서천 언덕
늙은 벚나무 아래
하염없이 날리던
그 꽃잎처럼 당신
그렇게 왔으면 좋겠다

그렇게
한 여나흘쯤
내렸으면 좋겠다
폭설이면 더 좋겠다

봄날에

올봄엔 꼭
꽃 피는 섬진강
그 강가에 가련다

아무리 바빠도
그놈 한번 보러 가련다

그 나무 아래 자리 펴고
아메리카노 한 잔 하련다

언제가 될지 모르지만
사는 동안 그날이 오겠지

아침에 잠깐 내리다
그친 비가 또 온다
하늘이 하얗다
꼭 그놈 같다

밀어密語*

아침에 커피 한잔 내리고
잠깐 앉아 밀어를 펼쳤다
한참을 들여다보았다

오전 내 당신은
풀꽃과 개망초도 보여주었고
련蓮의 애가도 들려주었다

점심을 먹고 나서는
매화와 산수국 향기를 안겨주었고
오월의 봄과 가을, 첫눈도 보여주고
친구 순자와 아버지도 소개해주었다

오늘 하루 폭설 같은 밀어에 갇혀
그냥 당신의 발길을 따라 다녔다

※ 밀어(密語) : 허필연 시인의 시집.

내가 좋아하는 것

내가 좋아하는 것은
느티나무, 뭉게구름, 노을, 햇살,
바람, 첫눈, 강, 산, 별, 꽃이다
또 내가 좋아하는 것은
그리움, 친구, 커피다
하지만 내가 정말 좋아하는 것은
매화꽃 흐드러진 꽃길을 걷다가
문득 손을 한번 잡아보고 싶은 사람
바로 당신이다

당신 별

가을 풍경

개망초 몇 무더기 지나간 자리에 코스모스 몇 송이 바람에 날리다 지는 오후다
아마 저 꽃들도 한 줄기 바람일거다
꽃이 진다고 흘린 눈물도 그만 거두기로 하자
너도 흐르고 흐르다 보면 바다에 닿을 날 있으리
얼마나 많은 사람들이 어여쁜 들국화 꽃잎 속을 건너오는 바람에게서 길을 배워야 하나
이제 그만 아파하사
당신 가는 길이 어찌 따뜻하고 눈물겹지 않겠는가
가을은 집 앞마당에 널린 물방울 원피스를 바라보는 일이다

피멍 든 라일락 선홍 애기단풍이
가을이 온다고 기별을 보내왔다
더 이상 지나간 봄으로 여름으로
갈 수 없는 레테의 강을 건너버린
물오리의 은빛 노래가 자욱이 붐비는 날이다

하루가 다 갔다

오늘은 하루종일
아무것도 안 했다

그저 당신 생각하다
TV보다 잠깐 잠들었다

창밖 빗소리에
잠을 깨고 나니
그냥 하루가 다 갔다

조용조용 내리는 비
그 비에게 부탁했다

남도에 꽃 소식 들리면
매화꽃 흐드러진 길을
당신과 한 며칠 걷고 싶다고

눈송이

오랜만에 친구들과 저녁 먹고 커피 한 잔 마시고 집에 오는
길에 눈송이 몇 개 만났다
겨울이 따뜻하다 했더니만 느닷없이 눈이 날린다
밤새도록 내리다 그치다를 하던 눈이 아침에 다시 눈송이를
키우고 있다
이제 그만 와도 안다
그만 내려도 당신인 줄 안다
늘 그리운 사람 늘 고마운 당신

파도처럼

거친 바람의 길을 따라
부서지기 위해 일어서는 당신

바다 어디에도 쉴 곳 없는
밀려와 닿으면 부서지고 마는 당신

당신은 늘 까마득한 곳에서 달려와
머물 곳 없이 떠도는 파도처럼
내 가슴에 부딪혀 그리움이 되고야 만다

당신 눈물꽃 반짝이며
하늘이 좋아 하늘로 간다 하니
그렇게 떠난다 하니
그냥 그냥 서럽다 잘 가 여름아

당신 생각

별들도 한 잠든 새벽 4시
노란 초승달은 아직도
아파트 난간에 걸려있고
여명은 아직 미동도 없다
어둠과 안개 가득한 이 밤
당신 지금 무얼 하고 있나요
나는 지금 당신 생각 한창인데

어느 카페를 지나며

경포 바닷가를 걷다가
어느 카페 앞에서 문득
나는 보고 말았다

'어, 저기 내가 빈 의자에 앉아 있네'

뽀송뽀송한 햇살들이
간간히 창문을 두드리는
통유리창 가에 앉아 가끔
에이스 과자를 커피에 찍어 먹는
아득한 날들이 거기 앉아 있다

혹 당신도 오늘
커피에 과자를 찍어 먹으며
내 생각 한 번쯤하고 있나요

기억을 안다

언제더라
갓 스물 지나 그해 겨울
눈이 엄청 많이 내렸다

눈 내리는 밤을
그냥 보낼 수 없었다

저물녘 쏟아지는 눈을 보며
그렇게 술로 첫눈을 맞았다

첫새벽에 일어나
믹스커피 한 잔 마시고
마당에 나가 담배 한대 피우고
눈이 모여사는 경포 바닷가
그 눈길을 시린 가슴으로 걸었다

첫눈 내린 오늘 아침
그 아련함을 참을 수 없어
딱히 목적지도 정하지 않고
무작정 시내버스에 올랐다

푸른 청춘의 날들이
다시 흰 눈으로 내리는
까마득한 눈길을 따라
당신을 만나러 간다

그리움이 탄다

어제는
노을도 없이
하루가 저물었다

오늘은 해 질 녘
하늘이 선홍빛이다

누군가의 그리움이
저 푸른 하늘에
불을 지른 모양이다

그리움들이 타면
저런 빛을 낼까
타는 노을보다
더 뜨거운 그리움이
잠 못 들게 하는 밤이다

오늘 밤
당신 하늘도 그렇게
불타고 있나요

엄마

점심을 먹고
문단집에 들렀다

텅 빈 안방에
고요히 잠든
엄마의 얼굴이
그냥 편안하다

쓸쓸한 것도 같고
고단한 것도 같다

괜히 자꾸 슬퍼진다
많이 아픈 오후다
엄마 때문에

설레임

후두득 후두득
비만 내리면 꼭
당신이 올 것만 같아
비 오는 날은
늘 설레임이다
오늘은 아침부터
일기예보에도 없던
비가 내렸다
저 빗방울 그치면
오뉴월 청개구리 같던
내 설레임도 떠날까
지금 당신 바다에도
그 비 내리고 있나요

달이 차오르는 초저녁에
당신 한번 꼭 안아주고 싶다

가을 저녁에

가을 길을 걷다가 텅 빈 들판에 홀로 서서
가끔 바람에 흔들리는 여리여리하고 키 큰 미루나무 한 그루
를 만났다
푸른 하늘 아래 빈 까치집을 머리에 이고 가슴을 털어낸 가을
미루나무
나도 저와 같이 철이 들어 절로 비우고 버리고 떠날 수 있다면
얼마나 좋을까
오늘도 쉬지 않고 망각의 섬으로 노를 저어 가는 가을
그 가을의 형상들이 그냥 애처롭고 슬픈 저녁이다

그립고 보고 싶다

올해 첫눈은 그냥 펑펑 쏟아졌으면 좋겠다
하염없이 퍼부었으면 좋겠다
당신 창가에도 꼭 그렇게 내렸으면 좋겠다
이밤 당신 있어 살아가는 사람 하나 있으니
바람에 덜컹거리는 내마음
그 바람에게 그립고 보고싶다
그말 한마디 전하고 싶다
내 묵은 체증 다 내려가게

꿈

피곤하다
한숨
자야겠다
당신 지금
바쁘시더라도
잠시 제 꿈에
다녀가 줘요
보고 싶은 당신

그런 사람 있나요

당신 눈 내리는 날
마냥 눈 맞으며
텅 빈 길을 걷다가 문득
가만히 서서 이름 한번
불러 보고 싶은 사람 있나요

늘 그 이름 부르면 그냥
눈물이 되는 그런 사람 있나요

억새우는 저녁 강을 밝히는
등불 같은 그런 사람 있나요

폭설이 한 열흘 내리면
눈 속에 함께 갇혀보고 싶은
그런 사람 하나 있나요

당신 그런 사람
하나쯤 가지고 있나요
심중에 두고 살고 있나요

산타마을*

봉화 산타마을엔 그 산타는 없다
다만 빨간 지붕과 예쁜 간이역
그리고 자판기 커피 한 잔은 있다
눈이 내리거나 구절초 코스코스가
간혹 피는 날이면 더 좋겠다
해가 느릿느릿 넘어갈 때
마당에 널어 놓았던
그리움 하나 걷어 올 수 있다면
더더욱 좋겠다

※ 산타마을 : 경북 봉화군 소천면 분천2리 분천역에 조성된 마을.

선운사* 만세루에서

법당 뒤뜰 동백이
하안거에 든 선운사의 늦봄

간간이 스님의 법문 흩어지는
만세루 마루에 퍼질러 앉아
차 한 잔 하며 아무것도 하지 않고
한 며칠 그렇게 살다 오고 싶다

물소리 북소리 산을 깨우고
당신 손 끝에 목어 소리 걸리면
동백꽃 하나 뚝 떨어집니다
당신 가슴 무너져 내립니다
내 가슴에 동백 한송이 피어납니다

※ 선운사 : 전북 고창군 아산면에 있는 동백이 아름다운 절집.

소주 한 병과 순대국밥

- 근홍이에게

노을이 어둠과 공존하고 나면
무수한 가로등에 불이 오른다

좀 이른 저녁을 먹고 잠깐
믹스 커피 한 잔 마셨다

서울 친구의 카톡 한 통
소주 한 병과 잔 하나 그리고
순대국밥에 깍두기 고추 두 개
쓸쓸하고 외로움이 묻어 있다

그 외로움 곁에 있어 주지 못해 미안하다
오늘은 그냥 소주 한 잔하고 길 잃지 말고

"그래 언제 강릉 중앙시장 순대국밥 먹으러 가자"

근홍아!
벚꽃들 바람에 눈처럼 흩날리는 어느 날
순댓국에 깍두기 고추 몇 개 앞에 놓고
삶의 노래 부르며 소주잔 한번 기울여보자
친구야 오늘 밤은 너무 외로워하지 말자

봄이 온다

창밖 은행나무 가지에
새 움 부르는 까치 소리
봄은 그렇게 자라 여름이 되고
가을로 또 늙어갈 것이다
동백 홍매화 복사꽃잎이
분분히 흩날리고 있을 남도
노란 원피스 입은 당신 같은 봄이
올해도 두어 뼘 먼저 와 나를 다독인다

누군가의 안부를 묻는 일과
이름을 한번 불러 주는 일
그냥 펑펑 눈물 나는 일이다

당신 별

당신 떠난 후
밤하늘 올려다보니
무수히 떠 있는 별들
당신 벌써 도착했나요
혹 초승달 곁에 늘 붙어 있는
저 별이 당신인가요
한 번 반짝여 보세요

기다림

오늘 밤은
가로등에 기대어
기다려도 기다려도
오지 않는 그 누군가를
별들이 하품을 하고
잠들 때까지 실컷
기다려 보고 싶다
당신도 그런 밤
한 번쯤 있었나요

커피 마시러 가자

신암리 마애삼존석불*

돌부처님!
오늘 생신이신데 제 소원 하나 들어주시면 안 되나요
제 소원은요
그냥 시나 쓰고 사는 겁니다
뭐 그리 거창한 것 아니니 꼭 들어주세요
당신도 이제 연로하시니 너무 애쓰지 마시고요
늘 바쁘신 부처님 생신을 진심으로 축하드립니다

※ 신암리 마애삼존석불 : 영주시 이산면 신암리에 있는 국가지정 보물.

그리움이 점점 쌓여
가슴에 담지 못해
당신께 나누어 드립니다

그냥 당신입니다

청명 곡우 지나 비가 내렸습니다
한 이틀 그렇게 봄비가 내렸습니다
그 비 그치고 나니 들판에
진달래 산벚꽃 향기 가득합니다

눈이 내렸습니다
하루 종일 함박눈이 내렸습니다
그 눈 그치고 바람 몇 줄기 불더니
밤하늘에 별들의 노래가 가득합니다

그냥 다 당신입니다
내 마음에 당신 향기 가득합니다

들국화 노랗게 핀 가을이 오면
차향 가득한 자리에 앉아
하루를 함께 이야기할 수 있는
그런 사람 만났으면 좋겠다

내성천에서

강은 늘 바람을 품어 계절을 살아 주고 가끔 속살을 드러내
가슴의 노래를 풀어낸다
강의 길은 사람의 길이니 내 안에 들어와 넘실거리다 당신의
길로 이어져 여전히 흐르고 있다
시지프스의 눈빛이 지칠 줄 모르고 흐르는 강은 울어도 울어
도 마르지 않는 가슴속 눈물샘이다
문득 언 강을 보며 그런 생각을 했다
오늘도 나의 노래가 찔레꽃 눈망울이 되어 내성천 어디쯤을
흐르고 있을 것이다

길에서

나는 길 속에 있다
아침마다 길은 내 안에서 눈 뜨고
나는 그 길 안에서 하루를 산다
내가 걸어온 많은 길들이
언젠가는 지워져 사라지듯
나도 그렇게 돌아갈 일이다
오늘도 나는 길 위에서
당신과 그냥 걷고 있을 뿐이다

그곳에 가고 싶다

마당 한가득 모인
햇살들이 기지개를 켜고
봄 풀들이 고개를 내미는
이른 봄날 아침에

날개만 있다면 불현듯
저 하늘을 날고 싶다

푸른 하늘과 들판을 지나
물오른 지리산 한 자락 넘어
섬진강 매화 강을 건너
동백꽃 숨소리가 아련한
그곳 남도에 가고 싶다

눈 내리고 바람 무성해도
날개만 있다면 밤이라도 그냥
만사 제켜 놓고 한걸음에
당신에게 가고 싶다

꽃 잔치

몇 주째 꽃이 피더니 그새 꽃들이 진다. 비와 바람에 지는 꽃은 그냥 쓰러지는 게 아니다. 내 가슴에 또 하나의 나이테를 그려놓고 한 편의 동화가 되는 것이다. 오늘도 내 마음엔 온통 그 꽃뿐이다. 늘 바람에 흔들리는 꽃 당신뿐이다.

분홍등을 달다

첫눈이 내리고
아메리카노가
자꾸 당기는 걸 보니
당신 오늘 밤
내 꿈속에
찾아오려나 봅니다
꽃길은 아니어도
오시는 길에
분홍등 하나
환하게 밝히렵니다
당신 빨리 오세요

커피 마시러 가자

커피 마시러
그 바다로 가자
수평선이 훤하게 보이고
파도소리가 고즈넉한
비 오는 날 오래된 시간들과
한번 손잡고 걸을 수 있는
갈매기의 지친 몸부림이
모래뻘에 펼쳐진 그 바다로 가자
그곳에서 당신과 커피를 마시며
그렇게 늙어가고 싶다

그때 함께 노래했던 사람들
어느 하늘 아래 살고 있는지
흩어진 노래들 가끔 부르고 있는지
아직도 그때를 기억을 하고 있는지

당신은 늘
고운 봄날이고
꽃이고 샛별이고
내 안의 섬이다

헌 책 한 권

내 서재 책장 구석에 꽂힌
유독 누렇게 바랜 책 한 권
흰 머리 숭숭한 중년이다

먼지 내린 낡은 책을 펼친다

벚꽃 핀 봄날로 가는 여행은 늘
집사람 화장대에 앉아 거울을 보듯
그저 쓸쓸하고 아프고 아리다

오늘 밤엔 그리움들을 굴려서
눈사람이라도 하나 만들어야겠다

이젠 나도 그런 나이인가 보다

동백

입춘지나 우수즈음 당신 소식 아득하게 들려오면 분주했던 마음 거두어 남도로 가고 싶다. 그냥 그곳에서 당신 그늘에 눌러 앉아 살고 싶다. 피어도 눈물이요 떨어져도 눈물인, 내 안에 켜켜이 쌓인 당신. 붉은 눈물이 뚝뚝 떨어지는 남도 그 봄에 한 번쯤 안겨 한 며칠 그냥 잠들고 싶다. 당신이 붉게 익어갈 때까지.

풍경화

당신을 풍경화로 그린다면
아마 초가을일 것이다
파란 하늘에 흰 구름이
몇 뭉치 떠다니고
들판에 벼가 익어가고
쑥부쟁이 코스모스가
고개를 살랑살랑 흔드는
살짝 익은 가을 일 것이다

가을 연가

저 강을 건너오는
가을은 늘 설레임일까

바람 앞에 외롭게 서서
바람을 맞이하는 들꽃들
가을은 늘 그리움일까

오늘 하루가
당신으로 가득한데
바라보기만 해도
눈물이 되는 하늘

들길을 걷다가 문득
쑥부쟁이 얘기를 듣고
참았던 눈물이 나가던
그냥 두 눈을 꼭 감아라
나의 가을아

빛바랜 사진 한 장

- 할아버지께

사무실 책상에 놓인 빛바랜 흑백 사진 한 장.
한복을 곱게 차려입은 검버섯이 살짝 핀 한 육십은 되어 보이는 당신.
조금은 검은 얼굴의 당신은 환한 미소로 가죽잠바에 엿을 먹고 있는 한 일곱 살쯤 되어 보이는 꼬마를 사랑스런 눈빛으로 내려다보며 앉아 있다.
아마 내가 일곱살 때쯤으로 기억된다.
당신과 내가 영주에서 서울행 완행열차를 타고 서울 큰집으로 가다가 기차 안에서 찍은 사진으로 당신과 내가 함께한 유일한 사진이다.
당신은 한학을 하신 선비로 동리에서도 글 잘하는 어른으로 널리 알려진 분이셨다.
가끔씩 글을 받으러 찾아오는 사람들도 있었고 문중일로 며칠 동안 집을 비우는 일들도 다반사 였다.
당신은 가끔 나를 데리고 마을에서도 한 10여분쯤 떨어진 허름한 마을 이발소에 가는 것을 좋아하셨다.
그 이발소에 갈 때면 언제나 자전거의 뒷자리는 나의 차지였다.
간혹 짐이라도 있는 날이면 나는 당신 앞에 타곤 했다.

개구쟁이 어린 손자가 야단이라도 맞는 날이면 사랑방에서 나와 나의 아버지 어머니에게 "야들아 그만됐다" 하고는 사랑방으로 들어가시곤 했다.

내 유년의 추억이 남아 있는 이 빛바랜 사진 한 장.

그 속엔 아직도 당신의 손자 사랑이 시간을 건너 오고 있습니다.

어느 해인가 집 마당에 선비나무라고 하시며 당신께서 심은 회화나무 두 그루.

그 나무들의 그늘이 점점 가슴을 넓혀가고 있습니다.

할아버지 그곳에서 잘 계시지요.

이 사진 한 장 제가 잘 간직하겠습니다.

개망초

대서 중복 지나
무섬 가는 길에
길게 늘어선 묵밭
지상의 별밭이다

당신 이름 서러워도
하얀 가슴 노란 눈망울
이쁜 망초야

똑똑똑
당신 안에 있나요
오늘 밤 내 마음도
그냥 가져가 주렴
나의 망초야

내 마음에 개망초 가득 피면

생각나는 사람이 당신이었으면 좋겠다

소나기 내리고

하늘이 퉁퉁 부은 날이다
어제도 하루종일 그러다가
울지도 못하고 그렇게 지내더니만

올 여름은 하늘도 너무 힘든 모양이다

오늘은 아침부터 눈물 몇 방울 찔끔
그 맑던 얼굴에 눈물이 글썽글썽
금세 왈칵 눈물이 주르륵

그래 목놓아 한번 실컷 울어라

당신도 가끔은 굵은 눈물 한 번쯤
글썽이고 싶은 모양이다

새벽에 일어나서

초저녁에 잠들었다가
이른 새벽에 깼다

창문을 열고
밖을 내다보았다

하늘엔 별 하나 없다

백목련 가지 끝에
물까치 기침소리만
홀로 환한 밤이다

이 새벽에 하얀 동증 하나 꺼내
바람 부는 당신 하늘에 단다

가을이 오고 있다

야! 오늘 날씨 한번 좋다
파란 하늘에 가끔 뭉게구름 피고
구름들 사이로 햇살 몇 줄기 내리고

언뜻언뜻 스쳐가는 푸른 하늘과
묵직했던 바람들도 새털처럼 가볍다

밤하늘 외톨박이 별 하나에도
벌써 마음이 흐트러지는 걸 보니
가을은 가을인가 보다

매미 소리가 시끄러운 한여름
은행나무 아래 앉아 당신에게
바람 한줄기 보내주고 싶다

나의 오늘 하루가
봄이었으면 좋겠다
봄소풍 가던 길처럼
그런날이었으면 좋겠다
꼭 그 길에 닿았으면 좋겠다

중년을 보내며

어둠이 바람을 데리고
내려오는 초저녁이다

단풍 내린 앞마당에
비 몇 방울 떨어진다

가끔 비 내리면
다시 꺼내 읽어보던
아련한 내 삶의 노래들

오늘은 그냥 좀 춥고 쓸쓸하다

나도 지금 저 빗 속
어느 강에서 바다를 향해
그렇게 흐르고 있지 않을까

새벽즈음

늦은 저녁을 먹고
TV 사극을 보다가
문득 달이 서산에
차오르는 것을 보고
사다리도 없이 걸어서
그렇게 당신에게 갔다

바로 누웠다가
모로 누워 뒤척이다
별 몇 개 초롱거리는
앞마당을 서성거렸다

간간히 불 켜진 집들과
아련한 개 짖는 소리
울컥거리는 그리움들

참 당신이 많이 보고 싶다

별들이 달빛에 손을 녹이는
새벽엔 나도 당신에게
위로가 되고 싶다
그럴 수만 있다면
정말 좋겠다

비오는 날

술생각나고
친구생각나고
보고 싶은 사람
더 보고 싶고
그리운 사람
더 그리워지는 날
바람의 그림자가
연해지는 날이다

별이 진다

가끔 이른 새벽에 일어나
별들이 지는 것을 보았다

지는 별들은 어디로 갈까

분명 당신 품에 안겨
하루종일 내리는 눈들을 바라보다
오늘 밤 또다시 연한 커피 한잔에
당신 가슴 그렇게 비집고 나와
먹물같은 저 하늘에 누군가의
그리움들을 풀어 놓겠지

무량수전 부처님*

저 부처님
언제쯤이면
눈도 귀도 입도 닫고
편히 살 수 있을 런지
이 아침 천 년을 살아온
정한을 말해야 무엇하랴
차라리 벙어리 가슴으로 사는 것이 낫지
그 사무침이야 오죽했겠냐마는

※ 무량수전 부처님 : 부석사 무량수전 내의 부처님인 소조여래좌상. 보물로 지정되어 있다.

레테의 강을 건너는 노을처럼 그렇게

곱게 사라지는 길을 몇며칠 배우고 싶다

빨리 가자 가을아

한 사람

저 푸른 길에서
한 사람을 만나
한없이 사랑도 하고
보고 싶어도 하고
그리워도 하고
그 이름 부르며
한 생을 살 수 있다면
얼마나 좋을까

별

저
밤하늘
별들이
초롱초롱
빛을
내는 건
오직
당신이
내 안에
살고 있기
때문이다

고양이

쨍한 날
흰구름 몇 뭉치
노닐고 있는
아파트 남쪽
햇살이 잘 드는
모퉁이에 앉아
겨울볕을 쬐는 앙상한
얼룩얼룩 점박이 고양이
그 말간 눈망울을 한동안
들여다보고 있노라면
그냥 서러움이고
그냥 눈물이다

당신

비가 오나 눈이 오나
꽃이 피나 꽃이 지나
매일매일 하루종일
내 안에 가득한 말이
늘 가슴에 품고 사는 말이
꼭 안아주고 싶은 그 말이
당신이었으면 좋겠다

가을 하늘이 나에게 말한다
나의 일상이 당신의 노래가 되어
샛별처럼 빛나라고

빨리 가자 가을아

오늘은 그냥 그렇게
바바리코트에 깃을 세우고
낙엽들을 밟으며 걷고 싶다

바스락바스락 또 바스락
낙엽들이 토해내는 울음들
중년의 삶이 꼭 저와 같을까

가을은 늘 서럽고 힘들다

가을아 빨리 가자
곁눈질하지 말고 뒤돌아 보지 말고
한여름 눈사람 녹듯 그렇게 가자

가을아 아직 내 마음은
쑥부쟁이 가득한 날이다

비 온다

비 오는 날에는
참소주 대신
원두커피
한잔 내리고
그리운 사람
그리운 것들
밤새 보고
읽다가 문득
당신 생각 하면서
그렇게 잠들면
정말 좋겠다

어 비오네 소나기 내리네
봄은 갔지만 아직 나에겐
설렘과 떨림은 남아 있다

바람의 노래

노을의 노래에 젖어
밤을 만나러 가는
저 붉은 바람들은
지친 옷고름 어디서 풀까
밤마다 오롯이 솟아오르는
나의 섬 하나 아직도
푸른 눈밭을 홀로 걷고 있다

바람들의 길을 따라
귀향을 꿈꾸는 뭇별들이
뿌려놓은 붉은 꽃그늘은
당신의 자리이고 쉼터다

밤새도록 마시고 또 마셔도
가시지 않고 채울 수 없는 그리움
그 영혼의 허기가 누군가는 살아갈 힘이다

친구

해거름 서천에 자전거를 타고 나갔다가 고등학교 동창을 만났다. 몇 년 만이더라 고등학교 졸업하고 처음이니 어림잡아도 한 40년은 된 것 같다. 정말 오랜만에 만난 친구다. 어떻게 지냈냐고 안부를 묻고 이런저런 살아온 얘기 하다 그 좋아하던 술 한잔 없이 그냥 그렇게 헤어졌다. 그 친구는 가는 세월 앞에 숙명을 한 짐 짊어진 무거운 걸음이다. 거리엔 낙엽이 내리고 가을은 점점 깊어 가는데 그 소리 들리지 않고 문득 낙엽 쓰는 바람 소리만 무성히 쌓이는 밤이다. 오늘은 밤하늘 별들이라도 깨워 한 잔 하고 싶은 그런 밤이다.

갱년기

아직도 꽃을 보거나 바다를 보면
가슴속엔 설레임이 늘 꿈틀 거린다

이슬비 같은 희망도 간직하고 있다

해마다 늘어나는 허무가 겁이 나고
흐르는 시간이 점점 아리고 무섭다

자꾸만 밀려나 이제는 설 곳이 없다
이제 나도 그럴 나이 인가

갱년기 말이다

그런 사람 없나요

소월素月의 시집 속
한 십 년쯤 묻어두었던
빛바랜 제비꽃 책갈피 같이
그렇게 세월이 묻어나는 사람 없나요

가끔 손을 잡고 가을을 함께
말없이 걸어갈 수 있는 사람
어디 그런 사람 없나요

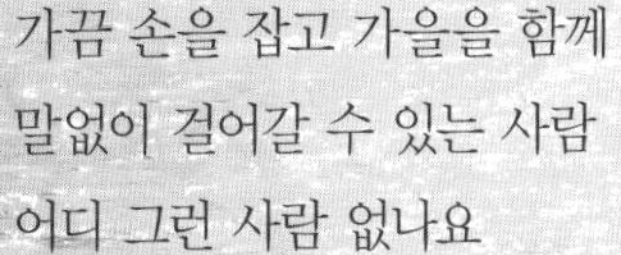

가끔은 생각나고 또 가끔은 마음이 가는
가을바람에 편지라도 보내고 싶은
그런 사람 어디 없나요

어젯밤 제 가슴에
한치 앞도 볼 수 없는
그 폭설이 내렸습니다
당신 어디 계신가요
그냥 서러운 아침입니다

가고 싶다

눈이 내리고
당신 생각나는 날
오래전부터 꼭 한번
그곳에 가보고 싶었다
순백의 눈송이들이
점점이 화폭 위에
무수히 흩날리고 있는
포근한 당신 가슴속으로
오늘은 꼭 한번 가고 싶다

그냥 돌아왔다

어제는 들판에 당신 닮은 쑥부쟁이 지는 것을 보고 그냥 돌아왔다
떨어지지 않는 발길을 억지로 옮기며 나지막이 당신 이름 몇 번이나 불러 보았다
돌아오는 길에 큰 바위 같은 당신 하나 무심히 거기 올려놓고
그냥 돌아왔다

안아 주다

그놈의 비
참 슬프다
슬프게도 내린다
오늘 밤엔
그 빗속을 거니는
저 바람들의 기억을
한번 안아주고 싶다
꼭 보듬어 주고 싶다

당신 만나러 갈란다

초승달을 보며 첫새벽에
섬진강 강바람들이 모여 사는
남도로 당신 만나러 갈란다

눈도 한 번 맞추어 보고
볼도 한 번 만져 보고
당신 향기도 한번 맡아보고
손도 한번 꼭 잡아 보고
섬진강을 내려다보며 함께
원두커피 한 잔 내려 마시고
해질녘쯤 그렇게 돌아 올란다

오늘 내 가슴은
당신 향기 가득한 봄날이다

눈이 내렸습니다
커피 한 잔 내려 마시고
그리움을 뒤적여 봅니다
가슴이 시려오는 걸 보니
오늘 당신 오려나 봅니다
오늘만은 나도 내리는 눈처럼
그렇게 차고 맑았으면 좋겠습니다

봄비 내린 후 풀꽃이 피고
유난히 별과 달이 고운 날
찾아오는 당신 이번 생엔 어쩔 수 없다

봄

꽃이 피고 꽃이 지고 또
봄이 가고 다시 봄이 오는
가만히 눈감으면
잡힐 것 같은 아련함
꼭 아픈 추억 같은 봄
꽃잎이 바람에 날리듯
그렇게 무심히도 가는 봄
바람에 머물 수 없었던
아름다운 날들 아름다운 사람들
나도 누군가의 따뜻한 봄이었을까

가을에는

비바람에 글썽이던
내성천 단풍들은 모른다
가냘프고 쓸쓸해서
가는 이슬만 내려도
흔들리고 비틀거린다는 것을
가슴이 부풀어 오른다는 것을
나의 가을은 늘 그렇다

장마 태풍 가고 매미소리 떠나면
소슬바람 달빛 밝고 풀벌레 귀뚜라미 우는 가을입니다
가을의 뜨락은 온통 보헤미안 악사들의 경연장입니다

서천*에서

오늘은 하루종일 그냥
바람 지난 서천에 앉아
산과 강과 하늘이
나에게 속삭이는 말들과
새와 풀꽃들이 하는 이야기를
가만히 앉아 받아 적어 보았다

저 멀리 탱자 같은 해가
자꾸자꾸 서산을 넘으며
내 안에 밀려와 울먹거린다

나도 노랗게 물들어 가는
저 산을 걸어서 건너야 된다고

※ 서천 : 경북 영주시의 중앙을 흐르는 하천.

저녁 무섬* 길에서

초저녁 별들이 듬성듬성
뛰어놀던 언덕을 지나면
깊은숨 고르는 마을 무섬입니다

소리 없이 흐르는 강물과
산과 들과 달빛이 총총히 걸어가는
소리가 들릴성 싶은 마을 무섬입니다

흰 이슬만 나려도 비틀거리고
바람에 글썽이던 쑥부쟁이 묵밭
길을 따라 무섬으로 가는 길은 늘
봉곳이 부풀어 오른 설레임이다

※ 무섬 : 영주시 남단의 물도리 마을로 국가민속문화유산.

술 생각 나는 밤

- 기수형

저녁을 먹고
책 몇 장 넘기다
술 묻은 전화 한 통 받았다

인생의 고단함이
잔뜩 묻은 그 목소리
그냥 술 한잔하다
생각나서 전화했다고

뭐 하고 있냐고 잘 있냐고
요즘은 술 안 마시냐고
말만 자꾸 하지 말고
언제 부산 한번 안 내려오냐고
소주향기 풀풀 풍기며
그렇게 안부를 물어온다

나도 요즘은 비가 추적이면
항상 그 막걸리가 생각나고
늘 떠오르는 사람 하나 있다

오늘 밤엔 당신과
마주 앉아 견딜 수 없는
그 쓸쓸함들을 안주삼아
저 으슬으슬한 달빛아래서
흰 달이 붉게 취할 때까지
소주잔 기울이고 싶다

울어주다

오월의 봄이 오면

-영랑永郎 생가

오월의 봄이 오면
뒷마당에 늙고 키가 큰
동백들이 모여 살고
따뜻한 햇살들을 품은
돌담과 초가집이 늘어선
영랑永郎 생가에 가고 싶다

설레는 마음으로 비 지나간
그 집 마루턱에 걸터앉아
동백숲을 흔들며 건너오는
모란의 어린 꽃망울들을
한없이 기다려 보고 싶다

생수 같은 봄 햇살을 마시며
강물이 된 동백의 눈물들을
밤새 주워 담아 모란을 피운
영랑永郞을 만나러 남도의
봄을 어루만지러 가고 싶다

아! 오월의 봄이 오면
늙은 아버지의 주름살들도
파릇하게 살아서 돌아오는
남도로 모란을 만나러
영랑永郞을 만나러 가고 싶다

저 그리움들은
차라리 늘 울고 있는
새들의 노래인지 모른다
바람의 노래인지도 모른다

그냥 그런 날이다

오늘은 그냥 그렇다
차창밖 풍경도 그렇고
개망초들의 향연도 그렇고
오늘은 정말 그냥 그렇다

누군가 흘려 놓은
눈물 몇 개라도 주워
가슴에 담고 싶은 날이다

그냥 아픈 날이다
이유 따윈 나도 모르겠다

그냥 그런 날이다
당신이 정말 많이 보고 싶은
그런 날이기도 하다

소양댐* 에서

지금 막 몸을 푼 초승달이 어둠을 재촉하는 소양댐
까치가 집을 짓고 살던 내 유년의 키 큰 미루나무는 없지만
물안개가 유영하는 초저녁답에 강을 따라 헤엄쳐 가는
은빛 지느러미 노란 목어 두 마리가 파닥인다
저녁 바람에 꽃은 붉어 오고 어둠을 밟고 가는
초승달은 지금도 오지 않는 당신을 기다린다
어둠이 내리고 수런거리던 매미 소리 잦아들면
강물 위에 탑 하나 쌓고 싶은 그런 밤이다

※ 소양댐 : 강원특별자치도 춘천시에 있는 댐.

들국화에게

내 걸음보다 느린
강물들이 늘 걷고 있고
들국화 몇 송이 피어 있는
들길을 걸어 봅니다

저 예쁜 꽃들도
바람에 나부끼다
찬서리 눈 속에 졌다가
돌아와 다시 피건만

인생의 봄 여름 가을 겨울
돌아갈 수 없는 날들을
밤새워 손가락 다하도록
헤어 가는 시린 나의 가을아

비둘기호 기차를 타고 싶다

내년엔 꼭 KTX가 아닌 비둘기호 기차를 타고
누군가 정해 놓은 종착역을 향해 가고 싶다

역장도 없고 간수도 없는 텅 빈 간이역마다 내려
하늘도 보고 꽃도 보고 그렇게 쉬엄쉬엄 가고 싶다

내년엔 꼭 그 길을 비둘기호 완행열차를 타고 가고 싶다

창문을 두드리는 바람 소리에 일어나
잠들지 못한 저 별들에게
삶의 먼지가 되어 가는
내 꿈 얘기를 했다

봄에 오는 비

어제는 하루종일 비가 내렸다
오늘도 비가 오고 있다
내일도 쉬지 않고 비가 온단다

뭔 놈의 봄비가 이리 오는지

보고 싶은 개살구꽃은 피지 않고
아침나절 내리는 그 비에
매화꽃만 하염없이 진다

당신은 아직 봄인데 나는 그냥 서럽다

그날

노을도 없고 바람만 가득한
강릉 경포 벚꽃길에
새들이 비처럼 내리던 날

당신과 눈송이 하염없이 바라봤던
그날을 나는 아직도 기억하고 있다

오늘도 아침부터
눈들이 내려 쌓이고 있다

종일 날리던 눈들이 잦아들면
그날도 하얗게 하얗게 덮여 가겠지

늘 봄보다 먼저 나를 찾아와
봄을 살아주던 당신
오늘 밤 많이 보고 싶다

쑥부쟁이 우는 날

어느해 인지는 기억나지 않지만 아주 오래전이었습니다
그날은 연한 바람이 불고 가을비가 간간이 내리는 늦가을이었습니다
가끔 바람에 억새들이 누워있고 쑥부쟁이가 꽃밭을 만들어 놓은 강바닥이 훤히 내려다 보이는 그 강둑길을 홀로 걸었습니다

바람이 불 때마다 눈물 떨구던 쑥부쟁이를 좋아했던 당신

오늘도 문득 가을비가 내리고 바람이 불었습니다
그 강둑에 쑥부쟁이들이 하얀 눈물을 가득 매달고 있습니다

이런 날은 하루 종일 당신만 그리워하다 그리워하다
가만가만 당신 눈빛 속으로 가슴으로 들어가 보고 싶습니다
오늘 밤 쑥부쟁이 꽃잎 무수히 흐르는 그 강둑길을 당신과 손잡고 걸어 보렵니다

울어주다

어제는 소낙비가 내렸습니다
하늘이 하루 종일 엉엉 소리 내어 울었습니다
당신을 위해 그렇게 주룩주룩 대신 울어 주었습니다
물까치 소리에 앞마당 단풍잎들이 쓰러지는 아침입니다
오늘은 내가 하늘대신 그렇게 울어주고 싶었습니다
내 안에 잠든 당신 눈물 깨워 꼭 한 번 그렇게 울어주고 싶었습니다

나이가 든다는 것

얼마 전 서울행 기차를 타고 가면서 차창에 어린 내 모습을 보면서 나는 생각했다

흰머리가 늘어나는 건 이별이 많아진다는 것이다
쥐었던 두 손을 펴고 가진 것을 나누는 일이 늘어난다는 것이다
그런 것에 익숙해져야 한다는 것이다

그래 나이를 먹어 간다는 건

그런 날들이 점점 많아진다는 것이다
그냥 빈 자전거 하나 밀고 가는 것이다
오늘은 지는 꽃들도 그렇게 서럽지만은 않다

장마

송화松花가 지나간 후
긴 장마가 시작되었다
올해 장마는 유난히 길다

눈만 뜨면 비다
그 비 내리면
내 마음도 비에 젖어
늘상 질퍽하고 축축하다

푸른 하늘을 본 지도 오래
오늘 잠깐 먹구름 속에서
설핏설핏 하늘이 보였다

푸른 하늘이 곱고 맑다
당신 얼굴 같다
내 마음도 저랬으면 좋겠다
세상도 그랬으면 좋겠다

오늘은 그냥 그 하늘만
바라보고 있어도 좋을 것 같다

감기 몸살

조금 춥다
녀석들이 또 걱정이다

며칠 전에 왔을 때는
2박 3일 정도 머물다 갔는데
올해는 좀 다른 것 같다

이 녀석은 봄 꽃만 피면
꼭 한번 다녀간다

이번엔 동무까지 데리고 와
한 일주일은 묵어 갈 모양이다

내 집처럼 낡은 한옥보다는
새로 지은 펜션 같은 곳이 좋을 텐데

왜 꼭 나에게 찾아오는지 모르겠다

내년에는 방값을 좀 올려 받아야 할 것 같다
당신 새 봄에는 아프지 마요

노란 병아리 같은

낮달이 햇살을 쐬며

소곤거리는 소리 자욱합니다

꼭 당신 웃음소리 같습니다

하루

오늘은 하루에 커피를 한 서너 잔 마셨더니 통 잠을 이루지 못하다가 새벽 3시는 되어서야 잠이 들었다
7시에 일어나 아침을 대충 챙겨 먹고 노트북 가방을 메고 9시가 넘어 사무실에 도착했다
햇살은 벌써 출근해 창 앞 화초에 앉아 있다
강릉에서 부쳐온 커피 한 잔 내려 잠시 숨을 돌리고 책상에 앉아 하루를 시작한다
점심을 먹고 몇 사람과 노닥이다 보면 하루가 다 간다
어둠이 내리는 시간에 다시 노트북을 챙겨 차에 오르면 저 멀리서 노을이 내리기 시작한다
오늘은 약속이 없어 일찌감치 집에 돌아와 간단하게 저녁을 먹고 TV를 켜고 컴퓨터 앞에 앉아 낮에 밀린 일들을 한다
12시가 지나 별들에게 안부 인사를 전하고 잠자리에 들었다
뭔 하루가 이런지 모르겠네 정말

저 낮달은 내 안의 섬이 되어

여전히 흔들리고 있는 당신의 눈물방울이어라

섬진강

몇 번인가 그 강을 스쳐 지나갔다
정작 그 강이 섬진강인지는 몰랐다

이른 봄빛이 내려앉은 저 강이 섬진강이란 걸 난 오늘 처음 알았다
눈인사라도 건네고 악수라도 한번 청하고 싶었다

가을 하늘 같은 푸른 강줄기며
일렁이는 강물에 내린 윤슬들이며
간간이 바람에 머리를 빗고 있는 새댁 같은 억새며
매화 가지에 물오르는 소리가 금방이라도 들릴 것 같은
달과 별들이 모여 앉아 수런거리면 누군가의 울음이 될 것 같은
섬진강은 정녕 강물들이 겨울을 지내기 위해 모여 사는 봄의 강인가

가슴이 넓어 봄을 품고 있는 것도 그렇고 저 강은 당신을 참 많이도 닮았다

봄 기운 품은 저 강을 손잡고 데리고 오고 싶었다
반짝이는 윤슬 한 바구니 담아 당신께 드리고 싶었다

눈 내린 밤에

하루종일 눈이 내렸다
저녁을 먹고 나니 눈발이 좀 잦아들고 열 시 넘어 달이 떴다
달빛에 이끌려 잠시 마당으로 나갔다
한참 동안 그냥 달만 쳐다보았다

이 밤 그 무엇이 여전히 강의 길을 걷고 있는 나를 눈 내린 달빛 길로 아득히 불러내는가
돌덩이 같던 눈송이 그치고 나면 잠들지 못할 저 강에 홀로 서서 당신 얘기 실컷 하고 돌아오고 싶은 밤이다

나에게

꽃들은 일찍 피든 늦게 피든
때가 되면 꽃망울 피우고
또 바람 불면 흔들리고
소낙비 내리면 고개 숙이고
함박눈 쏟아지면 잠들일이다
그렇게 피어 한생을 살아갈 일이다

그래 힘들어하지 말자

저 꽃들도 한생을 피고 지며
그렇게 홀로 건너가는데
그래도 나에겐 당신 있으니
내 생은 그리 외롭지 않겠다

혹, 당신인가요

유독 라일락 피고 초승달이 배가 불러오는 밤
바람에 그 향기 날리면 당신께 연서 한 장 띄웁니다

봄밤 창밖에서 문을 흔드는 아카시아 향기
혹 당신이 보내준 향수인가요

한여름 벚나무에 앉은 매미의 울음소리
혹 당신이 보내준 노래인가요

늦가을 바람에 떨어져 날리는 말간 산단풍
혹 당신이 보내준 편지인가요

겨울 창가에 내리는 따뜻한 햇살들도
혹 당신의 미소인가요

당신 생각하며 커피 한 잔 할 수 있는 지금
혹 당신이 보내준 시간인가요

바람에 떨어지는
저 단풍잎들을 다 모아
가슴에 품으면 그리움일까

들국화 핀 들녘에서

무서리 내리는 가을이 깊어 갑니다
요즘은 노란 들국화 향기가 가끔 차창을 열고 들어옵니다
차를 세우고 잠시 들길을 걸어봅니다
당신 같은 노란 들국화 몇 송이 살며시 안아봅니다
다음 주에는 첫눈이 내린다고 합니다
당신이 떠난다고 합니다
당신 그렇게 보내고 나면 더 큰 그리움만 쌓입니다
가을이 자꾸만 땅거미 속으로 묻혀가는 늦가을 오후입니다

당신이면 좋겠다

하얀 봄비가 낮부터 내렸습니다
오늘은 슬픈 영화도 한 편 보고 싶고 막걸기도 한 잔 하고 싶은 그런 날입니다
옛날 같으면 비가 오는 날이면 허름한 시장통 선술집에 앉아 배추 부침개 몇 장 앞에 놓고 막걸리를 마시곤 했습니다
이 비 그치면 꽃들도 자리를 잡아가겠지요
오후내 내리던 봄비도 피곤했던지 초저녁에 그쳤습니다
봄비 내린 밤엔 꼭 누군가에게 가고 싶습니다
그 누군가가 당신이었으면 좋겠습니다

[시인의 말]

당신도 그런 날 없었나요
느닷없이 비 오고 눈 내리던 날
아주 오래된 시간들과 손잡고 걷고 싶었던 날 없었나요
봄비 한 줌 내린 후 꽃이 피고 또 꽃이 지던 날
아득한 기억 몇 조각 불러내 커피 한 잔 하고 싶었던 날 없었나요
누군가를 생각만 해도 자꾸 미소가 번지는 그런 날 없었나요
당신은 나의 봄이고 꽃이고 첫눈이고 밤하늘 별입니다
제 마음속 강과 길은 늘 당신에게 흐르고 있습니다
오늘 밤 제 심장의 모든 채널을 당신께 고정합니다
그때 부르지 못한 노래들 당신과 함께 불러 보려고 합니다
제 마음에 당신을 초대합니다